台灣臻百味

中華自媒體暨部落客協會

編著

台灣是塊寶島，擁有許多美好的人事物，
《台灣臻百味》蒐羅了許多具有台灣精神且有故事性的特色商品。
有百年歷史傳承的薰香；有古法醃製的老菜脯；
有榮獲精品獎的伸縮車；有環保的專利展示架；
有保留台灣檜木芬芳的精油；有來自花東農產的金針花製品；
有媒體爭相追逐的網紅打卡店；有行銷遍及杜拜、歐美的保養品；
有個性化的客製飾品、果醬；有養生果釀、文創咖啡、日系抹茶……
還有更多具有故事的在地伴手禮盒……
《台灣臻百味》希望能聚集美好、分享感動！將無形的故事，
化為有形的文字，讓更多人了解台灣之美！

TO ：

感謝有您！

我們的相遇相識，為彼此人生增添了許多美好及光彩！

這是本集結台灣眾多美好的故事書，也是本筆記書，

希望您會喜歡。也期待在未來的日子裡，

能繼續與您編織出更多美好的時刻！

From ：

【如何使用此書】

感謝有緣的您能有機會翻閱此書。
這是本神奇又恩典的作品，原先只是單純想展現中華自媒體暨部落客協會（簡稱自媒會）四年來的成果，卻在因緣際會下，啟動了「台灣臻百味聯合行銷計畫」，在各家網路媒體及眾位自媒體、部落客的群策群力之下，匯集了廿餘家極富台灣特色的商品與故事。

它除了是自媒會的成果紀念冊；也是一本企業採購送禮依據的精美參照；更是個人隨身紀錄靈感、心情的筆記書。

在新媒體策略的生態圈運作下，「台灣臻百味聯合行銷計畫」以文創出版為起點，日後將陸續企畫製播更多主題及呈現在各式新媒體上。紙本書這樣的傳統工具，發揮了不同以往的生命力及影響力，而現在，擁有這本書的您，將一同參與這個不凡的改變。

您可擔任讀者，了解台灣種種美好的人事物；也可擔任內容創造者，安排行程、紀錄靈感，讓此書陪伴您創造與保留人生每一刻美好；也可擔任團購採買者，找出喜愛的商品，進行大批採購獲得合理的折扣與利潤；更可擔任生態圈的一員，與自媒會聯繫，投入自身的優勢，參與「台灣臻百味聯合行銷計畫」的各種商機合作。

若您認同「台灣臻百味聯合行銷計畫」這樣的正能量，也歡迎您購買或推薦此書給您身邊最值得被珍惜的人。

想要了解更多感人故事請關注自媒會粉絲團
https://www.facebook.com/cmba2015/
台灣臻百味商品諮詢、大批採購、及資源合作，
請上網搜尋【中華自媒體暨部落客協會】，
或電郵洽詢：cmba2015@gmail.com

【作者序】
百味台灣，臻心期許

中華自媒體暨部落客協會
創會理事長　鍾婷

猶記得小時外婆家的三合院年代，左鄰右舍總是相互照應，今天誰拿肉來，明天我帶菜去。誰家若嫁女兒，就整村一起吃流水席祝賀。那是人性化的美好！

隨著社會進步，從工業化的經濟起飛，到商業化的民生富裕，那份保有真善美的人情味逐漸淡化，直到科技化的現在，我們能運用新媒體的便利，重新定義人與人之間的溝通與價值。

從昔日的分享，到現今的共享，每個人心中的那片淨土，都有追求更好的「臻於完美」，希望將自己所見所聞所體會到的真善美，傳遞給自己的親人與身邊在乎的友人們。那是一份無私無所求的奉獻，一切源自於「愛人利物」。我們希望能將這些美好榜樣保留給下一代學習，於是中華自媒體暨部落客協會（簡稱自媒會）推動這次「台灣臻百味聯合行銷計畫」，出版《台灣臻百味》筆記書，透過圖文的記載與彙整，讓散落在台灣每個角落默默耕耘付出的美好故事，都能得以被更多人看見。

許多是台灣之光，有些擁有全球領先技術，有的更是一段段令人動容的滿滿回憶與故事。很榮幸自媒會能藉由此次計畫的推動，串起這些緣份，也感謝許多單位及媒體的支持，還有各部落客、自媒體在社群中奮力轉載，得以讓這些特色商家背後賦予的台灣精神能被放大、流傳！

《台灣臻百味》筆記書的出版只是一個起點，希望能聚集許多美好、分享感動！將無形的故事，化為有形的文字，讓更多人了解台灣之美！希望能引發、串聯社會各地更多的正能量，重現人們該有的純真、良善人性。

【寫下記憶中最美好的人事物】

我們人世間每天都上演著喜怒哀樂，但唯有美好的人事物才能令我們嘴角上揚、充滿活力。您遇過哪些不可思議的人生經歷呢？成長過程中又遇到哪些提拔自己的貴人呢？抑或是心中有哪些感謝想要對某人說呢？

請您閉上眼睛，想像自己最美好的回憶，腦海中浮現的會哪一段記憶呢？請您將這份感動寫下，讓這份動力陪伴著您渡過嶄新的每一天。

若您願意，也歡迎您告訴我們您的故事，讓我們感受您的感動；我們也會挑選美好的故事進行刊登，為您分享這份正能量傳遞給社會上每一個角落的人們。

【目錄】

台灣臻百味

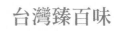

台灣臻百味

況 味 篇

美好的場域體驗
帶來最佳的回憶與回味

iPIZZA

愛披薩　顛覆你對披薩的印象

跳脫Pizza的速食印象，讓精心配方的手工麵糰，與節令海鮮交織出美味的樂章。前所未見的豪華口味，展現出店家非凡的膽識與創意。如果不是因為「愛」，怎麼能讓Pizza如此超越想像？

安心、健康、無負擔

iPizza愛披薩披薩店於2015年1月1日在台北市士林區正式開幕。
老闆江建福先生，秉持要讓顧客吃得安心、健康、無負擔的理念，生鮮蔬果是選用當地上選食材之外，其他一律選用經歐盟認證進口的原物料。歐盟規範嚴謹，等於直接為消費者把關，也間接為愛披薩的品質做認證。

食物自己會說話

iPizza愛披薩堅持使用好食材來製作披薩，為了讓餅皮達到最佳口感，特選用歐洲進口麵粉（杜蘭小麥麵粉），加上歐洲原裝進口初榨橄欖油，不斷嘗試調整比例，並經過24小時的長時間發酵，絕不添加任何人工香料，就是要讓顧客能吃到麵粉本身經過發酵、烘烤，所呈現出的自然香氣。這樣的製作過程，即使隔夜再烤，也不會有油耗味，江老闆堅信食物自己會說話！

揚名全球的義式美食，
竟然源自於上古時代

公元前3世紀，羅馬的第一部歷史中提到：「圓麵餅上加橄欖油、香料和蜂蜜，置於石上烤熟」；以及「薄麵餅上面放起司和蜂蜜，並用香葉加味」。是公認最早的披薩雛形；甚至在詩人維吉爾於公元前29-19年創作的史詩《埃涅阿斯紀》的第七卷中提到：

" Their homely fare dispatch'd, the hungry band
Invade their trenchers next, and soon devour,
To mend the scanty meal, their cakes of flour.
Ascanius this observ'd, and smiling said:
"See, we devour the plates on which we fed." "

「家常的飯菜上來了，飢餓的一伙人
瞬間便將它風捲殘雲地吞掉。
東西真的太少，連麵餅也沒被放過。
阿斯卡尼亞斯看了笑著說：
『看，我們把盤子也吃掉了。』」

詩文中被稱為「盤子」的餅皮，正與今日的披薩不謀而合。有趣的是，在龐貝城遺址附近，考古學家也發現了類似現今披薩店的房址。不過，在當時是缺乏今日披薩的一大靈魂元素—番茄醬。因為，直到16世紀番茄才由美洲傳入歐洲，到了18世紀晚期才形成現在廣為大眾所接受的「披薩」型態。據載，最接近現代披薩的餐館，大約1830年左右，才在拿坡里現身。

選擇困難症的最愛：九宮格披薩

太多好吃的口味，讓你難以抉擇嗎？別擔心，你的困擾iPizza愛披薩都想到了！獨家推出創意多元組合的「九宮格」披薩，讓你一網打盡所有喜愛的口味！在iPizza愛披薩的巧手與創意之下，披薩不僅賣相動人，更因為精選的優質食材而更顯健康美味！試一次絕對會「愛」上的披薩，就是iPizza愛披薩！

iPizza 愛披薩

電話:02-2882-7338
台北市士林區前港街30號
（劍潭站3號出口，步行約3分鐘的距離）
營業時間：
周二到周五 11:30～14:00 16:30～21:00
周六到周日全天候不休息（周一公休）
官方網站：https://www.facebook.com/ipizza0228861998/
購物平台：https://ipizza.oddle.me
★話題披薩（如海大蝦煙火披薩）請提前一日預約

華麗非凡的海大蝦披薩與「煙火」披薩，上市之後引發一片「煙火」旋風；不僅在台灣是媒體寵兒、網紅打卡聖品，甚至紅到香港、東南亞，讓國際間朋友都高呼：「Amazing！」

海鮮為主的口味研發設計

曾任日本料理店經營管理部經理的江老闆，結合海鮮食材專業知識的優勢，在口味的研發設計上特別以海鮮為主打。例如：目前店內的招牌－精選鮭魚披薩，是用特選8~9級上等生魚片等級的挪威鮭魚；青醬透抽披薩，也是精選整隻新鮮尖抽，在店內自行處理、現切。

台灣臻百味

美 味 篇

品嚐舌尖上的幸福
每一口都是愛與情感

MATCHAMOTO

麻茶元 不忘初心的嚴選抹茶

忍者、海女、伊勢神宮是日本三重縣必到的魅力景點，
但年底工作繁忙無法抽空飛去度假，怎辦？
那來杯「麻茶元」的抹茶天霜吧！

「麻茶」，是matcha的音譯，「元」，指的是初衷。

栽進抹茶的世界五年多了，經理Gary早對
日本飲食文化有所涉獵與觀察，真正把對
這些愛好反映出來是從抹茶開始，進入抹
茶領域之後即發現有太多值得細細品味的
特色，巴不得趕緊分享給更多喜歡抹茶的
朋友。

從2013年底創立抹茶甜品店，「麻茶元」
這品牌有著Gary對抹茶的意念與堅持，更
有不忘初衷的心念，他就想讓一心打造的
歐夏蕾抹茶文藝時光在更多地方飄香。

【麻茶元 桃園本店】
地址：桃園市桃園區南海街50號
洽詢電話：03-3522214
或聯繫品牌專頁
https:// www.facebook.com/matchamoto

麻茶元MatchaMoto ✕ 日本三重縣伊勢抹茶

開啟「麻茶元MatchaMoto」的抹茶情緣之前,從未想過日本三重縣偏遠山區裡孕育著最高品質的抹茶,當年在森口先生協助下,我們親自飛往日本,找到了如今使用的嚴選翠綠。

我們堅持使用優質抹茶,無論是冰涼爽快的宇治金時、或是溫潤入喉的熱抹茶拿鐵,都讓每位來「麻茶元」的朋友感受到我們精琢的認真,就算是道地的日本朋友也讚不絕口,覺得能在台灣品嚐到頂級抹茶製作的飲冰品,實在是幸せいですね!

品牌理念：
不忘初心的嚴選抹茶，
吃得安心的自在體會。

【元・抹茶特盛】
能呈現我們對抹茶的喜愛！

拿起茶筅，
以W字形在碗裡來回，
水溫與手勢交織，
細緻泡沫逐漸湧起，
就是一碗好抹茶的誕生。

手刷抹茶的樂趣及韻味，
要親自體驗過才懂啊！

【抹茶 天霜】

麻茶元MatchaMoto是少數以抹茶為核心主題的甜品店，全品項採用產自日本三重縣的伊勢茶。100% 的最頂級一番茶，茶味清甜回甘繚繞，隨手就是頂級茶道的完美享受。除了前往麻茶元店內享用，也可購買在家親自動手，調和一個屬於自己的抹茶饗宴。

璀璨的午茶時光，來杯翠綠抹茶最是享受！
抹茶不苦，回甘教人難以忘懷，
除了常見的熱飲，涼涼來喝更清爽！
是四季皆宜的清新美饌！

黃金水果鋪 手作果釀

黃金120個小時的果實熟成精萃出一款款幸福酸甜；以在地水果為基底，獨特工法將水果香氣及果肉鎖入瓶中，是「吃得到果肉」的天然低糖果醬。

「懷抱著理想，開創農業人生新道路」

「黃金水果鋪」誕生於台北市鬧中取靜純樸巷弄內，會以「黃金」命名，因為我們有一隻可愛的黃金獵犬，象徵自然樸實的主軸，更意味著我們的果醬像全世界純度最高的礦物質「黃金」般純粹、禁得起考驗。主旨在建構生產者與農民之食農共生關係，以國產水果為原料，開發出獨一無二的口感及文創概念，行銷「黃金水果鋪」品牌。

「黃金水果鋪的堅持」

耐心：黃金120個小時，果食熟成
用心：自我要求嚴格，天然健康美味兼具
愛心：建構生產者與農民之食農共生關係，以行動支持台灣在地小農
細心：用生命熬煮的果醬，讓人感受停留在鼻腔的果香
貼心：低熱量無負擔、食材嚴格把關健康安全

黃金水果鋪手工果醬通過台灣SGS高規格檢驗認證，讓消費者食的更安心。2016年取得「日本厚生勞動省輸出國公共檢驗機關」檢驗合格外銷日本至今。2018年通過美國食品及藥品管理局FDA的認證，品質的保證無庸置疑，更進一步地展現出黃金水果鋪致力奉獻於達到客戶滿意度的努力。

強調食農共生，注入文創DNA，發揚台灣小農文化，延續農作生命週期，以健康、無毒、原味，打造極致味蕾的堅持。

「純粹幸福的果醬」

純天然無添加為生產宗旨，食材的嚴格把關堅持，以最天然的水果原味、低糖量、低火慢熬萃取果肉天然原味，將天然水果香及原味保留在瓶中，用最自然的方式延續水果的生命價值，以健康、無毒、原味打造極致味蕾的堅持。黃金120小時瓶中自然熟成，打造停留在鼻腔中天然果香的手工果醬。黃金水果鋪亦與台灣當地果農結合開發專屬於台灣在地原味，將台灣的水果風味保留於瓶中，讓吃果醬也像在吃新鮮水果一樣。

官方網站：http://www.goldenfruit.com.tw/
購物平台：http://www.goldenfruit.com.tw/
粉絲團：https://www.facebook.com/gold25170048/

『黃金四季幸福果釀』禮盒

以春、夏、秋、冬四季代表性水果為概念所呈現台灣農產代表性商品，春耕、夏耘、秋收、冬藏」：泛指農事活動，農民深闇四季自然法則與辛勤工作方有收穫的定律。

黃金水果鋪手工果醬也可稱之為「果釀」，因黃金水果鋪果醬恰似吃新鮮水果一樣，獨特功法將水果香氣及果肉原生甜保留於瓶中，黃金水果鋪手工果醬有別於一般果醬，訴求純天然無添加低糖，也屬於吃得到果肉的果醬，故吃法非常多元(泡茶、抹醬使用、佐蛋糕餅乾、搭配優格、入料理作為食材搭配等，讓消費者顛覆傳統果醬思維。服務更與黃金水果鋪企業組織的「創新」與「再造」息息相關，與台灣無毒小農合作開創更多農產價值，使得公司確實掌握顧客服務的滿意度。

吳萬春蜜餞　府城的古早甘甜味
健康美味又復古的經典零食總匯，台灣最本土風情的人氣伴手禮。

吳萬春蜜餞，創立於西元一九八五年，販售各式古早味蜜餞、健康果乾、蜂蜜、梅精、柚子蔘，因品質優良、產品美味，深受府城民眾喜愛。榮獲台南市政府評選為"鹹酸甜"美食楷模，多次參與台南美食節展出，名列台南市政府文化觀光處美食天地優良商家，也榮獲行政院南部服務中心推薦為優質店家，更是民國102年和104年台南百家好店，以及105年台南金讚百家好店！

【聯繫、購買與了解更多】
官方網站：http://www.wu-wan-chun.com.tw/
購物平台：http://www.pcstore.com.tw/wu-wan-chun/
粉絲團：https://www.facebook.com/chuyau66

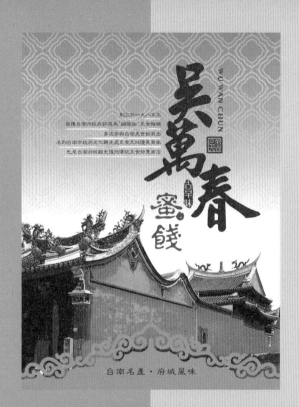

吳萬春

WU WAN CHUN

創立於一九八五年
吳萬春台南市政府評選為「鹹酸甜」美食摊販
多次參與台南美食節展出
名列台南市統府文化觀光處美食天地優良商家
也是台南府城觀光護照譯統美食特惠商店

台南名產・府城風味

吳萬春蜜餞 三大系列名作

◆「古早味蜜餞系列」，道地本土風味，是台灣人
　最懷念的鹹酸甜，更是難忘的兒時回憶！

◆「健康果乾系列」，由100%天然水果低溫烘培而
　成，保留最豐饒、飽滿、濃濃香氣的水果原味，
　不添加人工香料、色素及防腐劑，讓您吃得安心
　健康！

◆「蔬果脆片系列」，100%新鮮蔬果乾燥製成，完
　全無添加抗氧化劑、防腐劑及任何人工添加物和
　色素，只保留蔬果脆片的原色原味，也保留天然
　維他命、礦物質，高纖輕食無負擔。

來自台南府城的邀約 期待你前來品嘗我們的懷古風味

府城百年滄桑，洗盡歷史鉛華。在這個古老的城市裡，我們見證了先民留下的歲月痕跡，傳承了祖先們胼手胝足的勤奮精神。吳萬春蜜餞，堅持在地精神，融合傳統與創新，讓大家都能體驗經典古早味，享受健康好滋味。歡迎大家來府城老字號的吳萬春蜜餞，品嚐精緻懷舊的古早風味吧！

在吳萬春蜜餞的巧手製作下，
草莓季不再匆匆而逝。留住節
令風味，也留下古早的美味；
生活中一份甜蜜的小確幸，就
從一口傳香的草莓乾開始！

吳萬春蜜餞 健康果乾系列 草莓乾
★嚴選新鮮大湖草莓，豐富飽滿的草莓果味、果肉柔軟香Q，美味可口！
★全天然水果低溫烘烤而成，完整保存水果風味與營養！
★100%台灣天然鮮果採用，完全不添加人工香料、色素及防腐劑。
★潔淨式低溫烘培工廠，通過ISO9001及HACCP國際認證。

姨婆吉圃園 桔香四溢海梨酥

一個天然、純淨、手工、幸福的吉圃園，食材嚴選澳紐奶油、奶粉加天然堅果。內餡自製不添加任何人工化學添加劑、只靠時間與站功完成。姨婆堅持「讓人有好吃、幸福」的心製作每一塊餅。

「一顆緬懷童年故鄉的赤子之心，加上一份情比金堅的承諾，以及純天然、手工製作分享的心情，累積滿溢的濃厚口感，透過2.5立方英吋酥黃而踏實的小金磚，向每一個品嘗它的人訴說一個關於感念、緬懷與分享的故事。」

【聯繫、購買與了解更多】

官方網站：http://www.1po.bobi.tw/

粉絲團：https://www.facebook.com/YiPoJiPuYuan/

【緣起】

起初,只是一份愛妻承諾。
姨婆跟著黃伯伯辛勞打拼了大半輩子,
終生的心願,就是想要一塊屬於自己的小小農地,
種植一些健康無農藥的蔬菜水果,
不但可以在飲食上放心地自給自足,
也可以分享給親戚朋友採食享用,
以感念年輕時打拼忙碌之時,
無法與大家團圓相聚的珍貴時日。

好似老天一手的安排,
三十幾個地點的選擇,
最終令姨婆心神嚮往的,
還是那清淨天成的新竹鹿寮坑,
過了頭前溪,
便是黃伯伯牽掛難忘的童年故鄉—竹東,
僅一水之隔,
兩人便欣然地落葉歸根。

【使命】一份對大地的愛與對家人親友的呵護

「我們的海梨柑也許不是最好看的，
但姨婆可以拍胸脯保證，一定是最健康的！」

早從日據時代就頗富盛名的海梨柑，
自黃伯伯接手後，堅持不用農藥，
起先幾經失敗，損失近大半果樹，
最後採用中興大學蔡教授推廣的「優根無毒農法」，
終於，在使用18菌液與生物鈣的自然生態平衡下，
保住了餘下的果樹，也漸漸地開始蓬勃生長。

喜歡烹飪烘焙的姨婆，
將這些健康無毒的海梨柑，
一顆顆手工打造成2.5立方英吋酥黃小金磚，
將這塊土地對他們的疼惜與愛護，
分享給每一位品嘗它的人。

風味特殊的海梨酥得到許多消費者的肯定與讚賞，也榮獲多家電視媒體採訪報導，更贏得台灣百大伴手禮獎及新竹縣十大伴手禮入圍獎。姨婆的真情意，在小小的酥餅之中，得到了迴響與傳遞。

【經營理念】

獨特18菌與生物鈣的高品質、天然無毒純淨植栽，

從作物種植、採收到手工烘焙，

全程都不敢使用任何農藥與防腐劑、人工添加物，

因為是要給最親愛的親朋好友享用，

所以誠心誠意、用料實在；努力做好每一分堅持：

咬下去的大塊內餡、香氣四溢的海梨纖維、

不用擔心卡路里的低油低糖酥軟外皮、緊緻扎實的口感、

健康養生的創新風味、一切都只是姨婆想要親手將滿滿的幸福，

分享給親情賓友而已，千萬不要客氣，這得就請恁呷看味！

台灣臻百味

品 味 篇

別具創意的匠人之心
前所未見的精緻美學

花東宏宣 來自後花園的夢想

一群在花東縱谷生活的人，想將在地優質的農特產品行銷到各地。與花東當地有機或產銷履歷驗證的產銷班合作，以藝文經紀的感性角度，雕塑出一個個猶如藝術般的農特精品。

月光下沉睡的金針花海　給你最優雅甜蜜的台灣夢

成立於縱谷的宏宣國際，為了讓各地喜愛花東農特產品的朋友，選購優質商品更易識別，爰結合通過台灣食物安全認證的農會產銷班及優秀農民，共同合作推出標竿品牌，嚴選安全安心的花東縱谷農特產品。

宏宣國際是花東宏宣企業社為推廣標竿品牌「花東宏宣」而新成立的企業。「花東宏宣」是以居住地及發起人張宏煙、余宣子夫婦的姓名中間字命名，並加以詮釋及串聯我們共同的想法。

「花東宏宣」品牌整合花東地區通過台灣政府食物安全認證的產銷班及優秀農民，為每一合作的優秀農民及其農產品重新定位、包裝，共同創造一個辨識度高的花東農產品優質品牌，並規劃合理的通路分潤，與重視食物安全客戶群的通路合作，進而達成完整產銷資源共享的供應鏈合作。

花東：一群在『花東』縱谷生活的人
宏：我們有個『宏』大的夢想
宣：將我們優質的農特產品『宣』傳行銷
　　給各地喜愛它的人

×××××××××××××××××××××××××××××
【聯繫、購買與了解更多】
https://www.hdhx.com.tw/
提供國內外各通路銷售，詳見官網。
×××××××××××××××××××××××××××××

◆結合插畫藝術的金針花面膜，實用且兼具在地文化特色之外，也展現後山獨特的文創能量。

【針好眠伴手禮】

是台灣首家結合國立大學研發技術生產的金針副產品，幫助入睡的草本茶與天然的美顏聖品，是您自用或饋贈親友的最佳贈禮。

◆商品特色：

- ・產銷履歷草本茶　　安全安心
- ・幫助放鬆及入睡　　天天飲用
- ・獨家金針花菁萃　　美顏聖品
- ・高品質蠶絲面膜　　保濕服貼
- ・國立宜蘭大學研發　品質保證

設計理念：HUEMON奇夢籽設計團隊以金針花海夜景的插畫表達放鬆、寧靜與浪漫運用在商品的包裝上，為突顯金針葉製成幫助入睡的針好茶及萃取金針花抗氧化能力製成的針美亮白面膜創新商品，消費者可因為舒眠而提升面膜的滋潤肌膚效果，因此稱為「針好眠伴手禮」。

針好茶
Daylily Tea 眠り草茶（無咖啡因・草本養生茶）

「針好茶」採用通過台灣農委會產銷履歷認證的金針葉，由花蓮縣玉里蔬菜產銷班第九班與國立宜蘭大學技術指導完成採收、洗淨、烘乾、切碎、包裝等的生產流程及食品安全檢驗，消費者可安心飲用。

西晉時期竹林七賢之一嵇康所著的《養生論》提及「合歡蠲忿，萱草忘憂」意思是飲用合歡花令人除去憤怒，進食萱草令人忘卻憂愁。金針對華人來說大多做為料理食用，日本則以助眠為研發方向。經日本研究發現，金針具有安神作用，能幫助睡眠，而助眠有效含量最高之處在葉片，日本稱為クワンソウ茶，別名「眠り草」。

保健目的：調整體質、幫助入睡
飲用方法：詳見商品包裝說明

針美亮白面膜
Daylily Whitening Mask

「針美亮白面膜」以獨家技術萃取金針花中使肌膚緊緻、亮白的精華，並結合銀耳玻尿酸的保濕功效，有效協助肌膚遠離暗沉、缺水現象，迅速解決惱人的乾荒問題，恢復肌膚的白皙水潤。另搭配白藜蘆醇與花果複合精華，預防臉部瑕疵與斑點形成，為肌膚注入嫩白、透亮能量，輕鬆擁有亮白、彈性的迷人肌膚。

適用膚質：一般肌膚
使用方法：詳見商品包裝說明

《神農本草經》民國復古輯本：金針花（萱草），一名忘憂，一名宜男，一名歧女。味甘，平，無毒。主安五臟，利心志，令心寧靜，歡樂無憂，輕身，明目。

◆花蓮遠雄悦來大飯店提供入住貴賓優先享用『針好茶』及『針美亮白面膜』

針美亮白面膜

以獨家技術萃取香水金針花中使肌膚緊緻、亮白的精華，並結合銀耳玻尿酸的保濕功效，有效協助肌膚遠離暗沉、缺水現象，迅速解決惱人的乾荒問題，恢復肌膚的白皙水潤。再搭配白藜蘆醇與花果複合精華，淡化臉部瑕疵與斑點，為肌膚注入嫩白、透亮能量，輕鬆擁有亮白、彈性的迷人肌膚。

『針美亮白面膜』採用蠶絲面膜，能完美貼合臉部輪廓，讓嘴角、鼻翼等每一寸肌膚都能得到覆蓋滋潤，具極佳鎖水功能，可均勻釋放精華液，深入肌膚裡層補水，長時間維持肌膚潤澤感，可達到最佳的護膚效果。

【針美亮白面膜 小檔案】
主成分：金針萃取菁萃、白藜蘆醇、銀耳玻尿酸、複合草本雪白極淨萃取、熊果素、雛菊花萃取、蘆薈精華、維他命B3。

針好茶

以金針葉製成的草本養生茶，金針對華人來說大多做為料理食用，日本則以助眠為研究方向。經日本研究發現，金針具有安神作用，能幫助睡眠，而助眠有效含量最高之處在葉片，日本稱為クワンソウ茶，別名『眠り草』。花東宏宣研發暨生產團隊共同完成自金針葉採收、洗淨、烘乾、切碎、包裝等的生產流程，並通過農藥殘留及二氧化硫殘留的食品安全檢驗。

現代人生活節奏快、工作壓力大，許多民眾有入睡困難、睡眠品質不佳或過早醒來等問題，多數人都希望找尋以自然的方式獲得幫助，天然草本的『針好茶』無咖啡因可天天飲用，是舒緩情緒、幫助入睡的絕佳選擇。

【針好茶 小檔案】
適飲時間：睡前、想放鬆時、用餐前飲用效果最佳。
飲用方式：請以250毫升的熱開水沖泡，靜待4-5鐘後即可飲用，每一茶包可回沖1-2次。（可依個人喜好增減水量、調整濃淡）

檜山坊
台灣檜木精油

台灣有一座山叫檜山

這座山不在遠方,而是在您身邊!在檜山,您可以真正大口呼吸,一起呼吸這海島傳遞的歷史文化,沈浸於最真的味道,尋回生活原始味。

創辦人為了照顧罹癌,又有慢性肺炎的父親,一心讓父親的呼吸順暢,於是帶他往返於充滿負離子的烏來及太平山之間。途中屢屢看見蓊鬱的山林,於是一個天然、簡單的概念萌芽了!

堅持給家人最體貼,最自然的撫慰。

2012年勇哥創辦了檜山坊,希望在家中,就能感受到山林的芬多精,真正的大口呼吸、享受恣意無慮的生活。

【聯繫、購買與了解更多】
官方網站:https://www.bio-god.com.tw
購物平台:https://www.bio-god.com.tw
粉絲團:https://www.facebook.com/TwHinoki.workshop/

檜山坊　質純真摯的台灣味

◆除了精油產品，檜山坊也打造精緻的薰香墜鍊，讓您可以把台灣檜木的芬芳隨身攜帶，時時刻刻享有森林芬多精的清新。

把一整座檜山，放在心裡，
把對家人的愛，化為實際。

您可以留一座檜山在心中，於每日沐浴、生活、呼吸中，化為對家人最直接的愛，是一種最放心的感受。因為，家人值得！檜山坊懂得！

「檜山坊提供您原始的檜木香氣，並體貼您對家人的關心。」勇哥如是說，是唯一不會失算的投資，這投資的受益者是您最親愛的家人。」

檜山坊
台灣檜木精油

把森林帶回家

台灣原生檜木精華－芬多精

＊100%天然台灣檜木精油
＊無酒精、無有機溶劑
＊適用薰香、按摩、淨化空氣、泡澡
＊採用二次蒸餾法、去蕪存菁
＊通過SGS重金屬、生菌數檢驗

令人回「味」無窮的好禮

日本最有名的旅遊網站台北Navi，大力推薦檜山坊為日人來
台必買的伴手禮。以純檜環保木料再次利用，研發成經典產
品，獲得金點包裝設計獎，通過SGS檢驗和質譜分析，成就
讓日人都大讚的台灣好禮；送禮，是送心意，更是送
健康！感謝國發會東京地方創生特展與莫斯科台俄
論壇的肯定，檜山坊也期待能成為您聯繫感情、
聊表心意的最佳夥伴！

G.MAYO 肌美歐 源自於肌膚絕美之詮釋

根據《全國美容產業發展戰略規劃綱要》預測，到2020年中國美容產業年產值將超過人民幣一兆元。女人愛美是天性！天底下沒有醜女人，只有懶女人，而現在連懶女人都能秒變女神！

醫美級保養品「GMAYO肌美歐逆齡菁華液」，猶如懶女人福音，台灣美歐有限公司董事長丁掄元表示：「人人都有愛美的權利，但不是人人都付得起醫美費用，希望醫美級保養品也能有經濟實惠的價格，滿足每一位想凍齡的女神。」

「GMAYO肌美歐逆齡菁華液」有別於一般精華液質地，以保濕噴霧的姿態亮相保養市場，讓想變美的女神在保濕的同時，亦能同時吸收保養精華。此款商品是台灣美歐有限公司致力研發並與台灣輔仁大學育成中心技術合作，由台灣輔仁大學的教授研發透皮吸收技術，加上採用與法國知名品牌蘭蔻及雅詩蘭黛同一家原物料供應商的世界專利（魚鱗萃取小分子膠原蛋白），含有類肉毒桿菌、玻尿酸等成分。

無須用手塗抹，僅用噴的就能在3-5分鐘直接吸收，達到撫紋、緊緻、滋潤、保濕、鎖水、淨白，六效合一的功效，一瓶抵六瓶！與女人知己試用大隊合作「百人試用活動」歷經百位見證者得到超好評回應，更榮獲2018年Beautiful口碑美妝大獎。

【肌美歐逆齡菁華液】

富含六胜肽(類肉毒)的強效噴霧,搭配法國進口超級膠原蛋白與玻尿酸,經特殊胜肽技術迅速滲透吸收,達到「超強緊緻(V型)」作用,並大量補充肌膚水份與膠原,達到超強抗皺抗老化現象,只要用噴的即可媲美音波拉皮,讓肌膚自然恢復年輕光彩,達到逆齡目的。

此產品更通過台灣SGS「不含八大重金屬檢測」及寧波檢驗局的檢驗,再加上醫美診所醫師的專業認證,將肌美歐逆齡菁華液列為術後保養品;曾榮獲IFBC國際美容造型大賽三項冠軍的林素榕老師亦大力推廣。醫美級的保養品不再是金字塔頂端貴族的特權,每個女人都能享有變身女神的權利!

肌美歐致力研發高科技抗衰老產品，嚴選來自法國天然純淨、零污染的原料精萃，結合創新應用技術，顛覆保養商品傳統，宛如破繭風華再現，這一切源自對肌膚絕美的詮釋與堅持。台灣美歐有限公司董事長丁掄元指出：「長恨歌『春寒賜浴華清池，溫泉水滑洗凝脂』，使用好的保養產品，就能擁有帝王為之傾倒的凝脂美肌，這即是肌美歐的理念核心。」

【聯繫、購買與了解更多】
肌美歐時尚美學館
官方網站　http://www.gmayo.com.tw
粉絲團　http://bit.ly/2TiYAB6
現與各大愛心團體進行公益義賣優惠，
歡迎加入LINE@了解最新詳情。

逆轉青春之鑰，拉提緊實每一天。

新媒體、社群電商興起，肌美歐除醫美診所
販售外，亦走新零售，網羅團主、網紅、博
客進行體驗式銷售。日前更與「隨看即買」
的直播平台合作，邀集東南亞網紅現場直播
試用，深得國際好評！

Argent
安爵銀飾　時尚造型的有愛銀家

有句名言說：「幸福常像貓和牠的尾巴，當貓拼命追逐尾巴時，尾巴卻跑給貓追。只有當貓決定向前走時，幸福才會跟在後面。」走進「ARGENT安爵銀飾」店內，就充滿著這樣的幸福感，你可以看到或站或躺的貓咪們，在客人間遊走撒嬌，或溫和慵懶的任人撫摸拍照，就像客人初踏入「ARGENT安爵銀飾」大門，所感受到的友善親切感！溫暖的氛圍就如在自己家一樣，可自在的把玩欣賞各式創意銀飾，也可藉由別出心裁的客製造型範例勾勒自己的夢想飾品！

「ARGENT安爵銀飾」的合夥人David和Mandy，一個專長技術創新，一個擅長行銷管理。兩人原本在網路領域各有一片天，彼此為了擷長補短，開創更寬廣的銀飾藍天，2007年兩人決定攜手，從供銷關係進階成為夥伴關係。在任務分工上，由David則專心致力創意設計，Mandy主導行銷創新與管理，並在士林捷運站附近成立實體店面，並整合擴展多個網路通路，虛實通路相互搭配，讓時尚品味銀飾，可令『銀潮族』們看得到，也摸得著。若有修改與調整時，也能安享無微不至的售後服務。

「讓急件變吉件」，始終是「ARGENT銀飾」懷抱的幸福使命感！客人收到的不只是一件冷調時尚的禮，更是一份散發著溫熱情感的心。

成品完成 /
純銀項鍊墜

原圖 / 兒童手繪

special pattern
for
yourself

The One
You're the one
獨一無二、細膩美好的存在

急件變吉件的幸福使命感

銀飾的選購，是每個客人情感的延伸與故事的化身，在製作的過程中，客人的真情託付，常在「ARGENT安爵銀飾」設計師的耳邊迴盪⋯⋯

「這是我想送給老爸的生日禮物，算命師說需要畫成這樣的，我希望他能夠長命百歲！」

「我想訂做一條銀鍊送給大嫂，上面刻上狗狗的模樣和日期，希望有了鍊結的陪伴，她能拋開愛犬離開的哀慟！」

「ARGENT安爵銀飾」可說是懷著刻劃情感與故事的圖像，在設計每個獨一無二的銀飾。

幫客人圓情感與故事的夢

而「圓夢」正是「ARGENT安爵銀飾」兩位合夥人創店時的夢想，不只幫自己，也幫客人一圓當飾品設計師的夢！將客戶心中的夢幻銀飾打造實現，閃亮又個性的戴在客人手腕、手指或頸上，也把一段段的情感故事，藉由「ARGENT安爵銀飾」戴在身上！

special pattern
for
yourself

體驗課程親手做心意無價

「ARGENT安爵銀飾」也了解，許多客人對於銀飾，不只是想買，而還更有著「親手做」的期望，無論是自己DIY送禮表心意、想學習入門銀飾製作，或想尋找第二專長，開設體驗課程都是必需著手採取的服務之一。在實作課中，經過原料銀粒從熱熔、被製成銀塊、體驗自拉銀線、看著師傅用手工鋸出名字，焊接、拋光及製作銀鍊…繁複的手工製作過程後，參與體驗之旅的客人無不又驚又有成就感的說：「沒想到小小銀飾品，需要經過這麼多厚工的程序才能製作完成！真是銀飾平價，心意無價！」而這個體驗課程，也是「ARGENT安爵銀飾」每位員工必經的訓練菜單，惟有如此，才能在客戶諮詢時，將銀飾的知識，身歷其境的傳達給客戶。

【聯繫、購買與了解更多】
官方網站：https://www.argent.tw
購物平台：https://www.argent.com.tw
粉絲團：https://www.facebook.com/argent.silverhome
部落格：https://www.mibo.tw/
LINE ID：@argent

銀在創新　經營有成幸福洋溢

在面面俱到的全方位思考下，「ARGENT安爵銀飾」已成為一家既有品味，也充滿著人味溫度的銀飾店；收養流浪貓，就是「ARGENT安爵銀飾」「用心接觸，以愛擁抱」精神的展現，一隻隻悠閒踱步，豎尾婆娑的可愛招牌貓，不僅是辛勞工作團隊最佳的心靈慰藉，因著愛心而無心插柳，收之桑榆的額外收穫是，這些頗得人緣的貓咪，如今也已成為店裏的人氣王與象徵！

經營有成的「ARGENT安爵銀飾」不只吸引傳媒與記者前來採訪報導，各通路與百貨專櫃甚至海外廠商，也紛紛前來提案而成為合作夥伴，讓「ARGENT安爵銀飾」步步為「銀」的走出自己的「銀」家之路，也成為客人心中「銀的創新，銀得安心」的首選銀飾店！就像店內的貓一樣，找到自己的幸福……

EN´R精萃燕窩保養系列 讓外擦更勝內服

「燕窩」是東方人的滋補珍味,含有豐富的胺基酸、碳水化合物、磷、鐵、鈣、鋅、鉀等人體需要的營養素;除此之外,還有唾液酸、醣蛋白、表皮生長因子,以及高含量獨特的醣蛋白。因此,自古以來都是宮廷貴族不可或缺的養顏保健的聖品。

因緣際會踏入華人四大補品之一「燕窩」的進口商工作,熟知燕窩對人體與肌膚的效益,但食用的燕窩通常價格不菲,經一番調查研究了解,萃取後的燕窩對肌膚亦有顯著效果,因此萌生自創以燕窩精華為主的保養品牌,而且要和其他燕窩保養品不一樣,我們要作的,是能夠讓消費者知道燕窩精華的出處證明的保養品。

同時,隨著自己年齡增加、細紋變多,用了多種保養產品無感,難道都沒有讓我們覺得安心、有效、還要價格合理?那就自己開發吧!從挑選合作廠(ISO GMP認證)、成分調配、親身與親友試用,做出信任、溫和、效果看得見的保養品,「EN´R 精萃燕窩」就此產生。

本公司自2017年11月成立,成立品牌「EN´R精萃燕窩」保養品於2018年3月正式對外販售。秉持親身參與產品開發及測試,要自己與親友試用有效滿意才肯製作。希望讓消費者在素顏時看著鏡中自己時,都能和我們一樣,有肌膚變好的幸福感。

伊睿國際有限公司
EN R International Co., Ltd.

燕入尋常百姓家
尊貴之選化身親民保養品

【精萃燕窩燈塔水母膠原凝霜面膜】
燕窩精華加燈塔水母膠原，與複方植萃
精華，能使肌膚豐潤緊緻、飽滿光滑、
維持彈性。一霜兩用，CP值高，每晚薄
擦做晚霜，每周2-3次厚敷做面膜使用；
不需沖洗，簡單方便。

【聯繫、購買與了解更多】
官方網站：http://www.enrbeauty.com/
購物平台：http://www.enrbeauty.com/，https://pinkoi.com/enrbeauty
粉絲團：https://www.facebook.com/enrbeautyskin/

融入環保與人文精神 讓美從心出發

「EN'R精萃燕窩」品牌調性維持自然、樸實、健康形象，我們也致力於人文關懷、教消費者如何將使用後的瓶器和面膜袋再利用，而非不環保的隨手可棄，同時與社會企業合作採購由印度婦女親手縫製的化妝包，幫助當地婦女就業。期待打造一個和消費者有共鳴、深植人心的品牌。

東方皇家臻選 日本高純度精華原料

「EN'R 精萃燕窩」意思為來自東方(eastern)皇家(royal)的珍品，全系列保養品以日本進口高濃度燕窩精華為主成分，無添加酒精、香精、色素，細心呵護您的每一吋肌膚，如古代寶貴之物進貢王親貴族，EN'R將燕窩製成的保養聖品呈獻給您。

讓美麗回歸純真自然

我們親身試用、追求溫和有效的調配,無過多的成分,每樣原料調配至最大效益,讓來自大地優質萃取的力量,使肌膚呈現自然豐潤,回歸純真、樸質、更臻完美,喚醒健康自信的幸福美好。

【實體櫃展售】
誠品R79中山expo
台北市南京西路16號　中山地下書街B1(捷運中山站)

潮麻包　時尚　潮流　最環保

來自大自然的禮物　打造實用創意的時尚良品

「黃麻」(Jute)在全球,特別是歐洲國家早已受到極大的歡迎。因為「黃麻」可以100%進行生物分解吸收,也就是土壤裡的細菌會在不需要燃燒自然的氣候下百分百分解吸收;是一種對環境完全無害的天然素材;或著應該說這材質本身就來自於大地,也自然回歸大地。

在一次又一次的交易中,我們親身與印度廠商經過多年的打樣、驗廠、驗貨與出貨經驗後,才開始有引進台灣市場的念頭,雖然不免擔心市場的接受度,但仍堅信在日漸萌生環保的概念下,先從贈品市場試水溫,沒想到原本擔心的事情並沒有發生,反而佳評如潮。

2010年開始嘗試用日本的品管與款式,設計出跳脫一般人對於黃麻粗躁的刻板印象款式,讓【潮麻包】在11年正式與台灣朋友相見!沒想到,【潮麻包】申請商標都還沒收到正式商標審核公文前,就受到台灣最大報蘋果日報整版免費的報導。這下一「報」成名,不單單是那一陣子詢問電話接不完,甚至全台各大購物平台紛紛自動找上門,希望【潮麻包】能藉此網物平台銷售。例如:博客來、讀冊生活、Pchome線上購物、金石堂網絡、生活童話、Pinkoi等等。

強韌耐用 打造真環保

「麻」，是天然的植物纖維，纖維長因此韌性也非常強，耐髒耐重，適合製作成袋子、麻席或是帽子等產品。一公頃的麻田可以光合作用二氧化碳15公噸，從種植開始就保護地球，歐美國家也認定「黃麻」才是真正的環保材質。與我們合作的這家印度工廠，有超過40年的經營經驗，不僅通過ISO9002與Sedex-ETI等相關國際認証完全符合歐美市場的要求，所有原料也必須證明完全無毒無汙染，才能進口至歐洲國家。

親民價 入手潮麻不費力

我們期待能先普遍推廣這種真正的環保材質，讓一般消費者認識此材質，漸漸做到減少「塑膠製品」等的配件，因此在設計款式上，我們盡量以「時尚潮流」為依歸，而「最環保」才是我們最終目的，在價位上我們希望能被廣泛接受為要，所以依照不同款式/材質與做工等，由$320至3,600不等，但是普遍均維持在$650 ～ 1,800元居多。

原本我們只有在世貿中心5B29室設立展售間，卻感於曝光度的不足，所以之後於台北市大安區四維路154巷31號尋得店面，這裡環境鬧中取靜，交通非常方便，停車也便利，154巷道比四維路還要大，東邊有敦化南路商業區人潮、西邊有信義區/復興南路區的就業人口，我們前方是學區、後面是居住社區，雖然不是如同東區的逛街區，但是由於整體周遭環境的舒適感，又是紅綠燈路口，加上我們店面的裝潢，反而讓過路人經常專程停車進來探究。

目前四維路店面營業時間是早上九點至晚上九點，週日下午休假，我們在店面上也充分利用，同時也經營進口服飾採取複合式經營，增加消費群與營業額，同時官網也重新設立完成與各大購物平台的同步建立，相信在營業額上可以逐步穩定增加，事實上確實也明顯進步中。

【聯繫、購買與了解更多】
官方網站：https://www.jutebag.com.tw
購物平台：https://www.jutebag.com.tw
粉絲團：https://www.facebook.com/JUTEBAG/

一個潮麻包 一份對地球的愛

根據市調,發現在台灣市場上,潮麻包是唯一的專業完整又多樣的經營者。【潮麻包】這樣的品牌,需要推廣的不單單是一個「環保袋」,更要教導台灣人願意認識這樣的材質,進而愛上這樣的材質,讓人人能減少「PE編織袋」「塑膠袋」的過度濫用,所以我們需要大量宣傳這真正的環保材質與品牌,讓人人能人手一包,更何況人還兩手呢!

在環保意識日漸高張、連北市府從2016年8月1日開始實施禁用一次性餐具、甚至要求公家機關單位不再販售瓶裝飲料⋯⋯【潮麻包】此時絕對會是在市場上占一席非常重要地位。我們相信,當民眾接觸到這樣有別於一般市面上的包包,不單單是對「愛護地球」觀念有更正確的認知與真正的落實行動外,也能平價擁有。

潮麻包

www.jutebag.com.tw

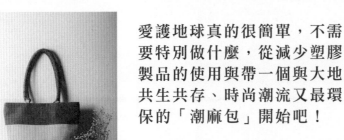

愛護地球真的很簡單,不需要特別做什麼,從減少塑膠製品的使用與帶一個與大地共生共存、時尚潮流又最環保的「潮麻包」開始吧!

LAKE蕾赫　獻給台灣女孩的法式浪漫

LAKE；Dreamlike and Timeless Design .
秘湖，自由無拘，靜謐地向無盡邊際漫延；
如一面無暇明鏡，任光影灑落，泛出花漾漣漪。
金屬光澤華麗閃爍，耀出深沉湖底的無垠夢境，
精巧細膩的做工喚醒潛伏已久的真實之心，
經反覆淬鍊，神秘褪去，寄予新意。
從LAKE饒富趣味、匠心獨具的精緻工藝中，發現感動，
一起構築專屬於你個性優雅的獨有氛圍。

— Love conquers all.
-Virgil

台灣原創設計生產，歐美進口黃銅；精品級抗敏性電著。
經典法式氛圍，適合女孩到女人的全日常穿搭，一種永不
退流行的經典歐式品味；在親民的預算下也能享受絕佳的
國際設計與質感。

以手繪線稿的蝴蝶，象徵每一件飾品裡都有著賦予
妳蛻變的勇氣與自由之心；期待妳永遠不忘記，那
個為夢想展翅高飛的自己。

【聯繫、購買與了解更多】
https://www.facebook.com/lake.com.tw/

如時尚部落客漫步在香榭大道上找尋靈感，猶如當代意識與典雅風尚的結合。將前衛流行作品，放入經典歷史藝術展館，融合出屬於新時代女性的優雅輪廓，令人著迷。

「如何呈現女性知性美與力量」一直是LAKE蕾赫創作的原動力。圓潤的飽滿的小象，除了代表一份穩定與能量，也具有招財象徵。

人氣經典款　紅貴賓

LAKE蕾赫的超人氣作品，獻給最懂毛小孩的妳。除了疼愛牠、照顧他，無時無刻把牠帶在身邊，更是所有飼主的夢想；這個小小的心願，讓LAKE蕾赫來為妳實現！

萌寵傍身　甜美又不失個性

LAKE蕾赫創作的系列中，除了紅貴賓之外，也有俏皮的法國鬥牛犬和兔寶寶；在設計師的巧思與美感呈現下，活靈活現捕捉寶貝寵物們的神韻，卻又兼具時尚與搭配性。

甘辛的女人味　咬唇尤物

女孩的清新可人，女人的性感迷人，
今天想選哪一個？以豐潤性感的咬唇
形象為設計，打造出一種欲語還休的
曖昧；據説「咬唇尤物」是戀愛告白
成功的幸運小物！想跨越友達以上，
戀人未滿的防線，不妨入手試試看。

WinkWin

【LAKE 蝴蝶logo珍珠手環】
姿意飛舞著法式的隨性，期待妳在生活
中永遠記得心中的浪漫，一種屬於自信
的惬意，可不是人人都學的來，獻給愛
自己的妳dear sweet .

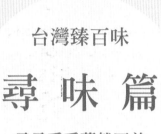

台灣臻百味

尋味篇

尋尋覓覓驀然回首
曾以為遙遠的美好
其實觸手可及

HUEMON奇夢籽社計

令人驚豔的全方位新銳設計團隊，新創品牌的最佳推手。

【關於HUEMON】

公司於2014年成立後，張詠竣目標建立台灣頂尖的產品設計團隊，以Vitality Product Design ™（活力產品設計方案）協助民生消費品牌開發產品，並以標準化設計流程為商業模式核心，協助台灣中小企業能透過非傳統階梯式設計合作，來產出對市場環境更好的商品。

創辦人張詠竣的經營理念與目標

現任HUEMON公司創辦人兼設計總監張詠竣，提出Vitality Product Design ™（活力產品設計方案）為企業共同創造有活力生命的新產品，相信若設計師能透過更全面的方案，提供企業在品牌語言創新與減碳及環境科技上更多的可能性，將會是環境、企業、設計師三贏的局面。

先前代表小智研發的產品設計部，致力於跨品牌之環保創新產品開發，客戶如Nike、成龍、W Hotel Taipei等。他認為這世代的設計師有解決環境問題的責任與使命，力行永續原則如延伸產品生命、減少資源使用、並使用再生材料，將可以積極解決全球不可被忽略的問題。

HUEMON的特色選品

D系列創新輕型展架

·Creative-Display for engaging different customers
創新展示與組裝方式多變化,適合依季節變化擺設。

·Space-Saving and Lightweight Shipping
省空間並運送極度輕便, 適合展售通路、POP-UP店面、商業展覽等重複拆裝使用。

·Customization for your Brand Space
客製化的品牌空間,配合HUEMON的設計團隊服務客製品牌所需展示的指定配件,包括
海報系統、尺寸規格、材質選用等。

·Easy-Repair and Great Durability
好維修,零件都可替換。

◆透過多元整合的概念、精湛的
設計美學、搭配環保材質,讓「
展示架」跳脫生硬死板的形象,
本身除了是商品的最佳陪襯與展
示推手,本身更具有獨特的生命
力與實務性設計之美感與精神。

D系列的環保科技亮點：

· 百分之百可回收再製。
· 重複使用，極減碳足跡。
· 相較市面紙展架有四倍以上使用週期，
　可年少砍百顆樹！年減紙張消耗。

【購買、聯繫與了解更多】
官方網站：https://www.huemondesign.com
購物平台：https://shopee.tw/huemonproduct
粉絲團：https://www.facebook.com/huemondesigncom/

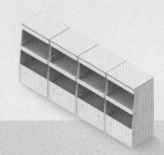

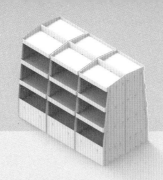

【活力產品設計方案 Vitality Product Design ™ 】

其重點有以下面向 :

◆共同創作(Co-creating New Product Development)

◆品牌語言(Engaging Product Language)

◆產品創新(Innovating Product Design)

◆極減足跡(Minimizing Footprint of Making)

吳萬春香舖　傳承百年的府城味道

吳萬春香舖，創立於清光緒21年（西元1895年），百年來遵循古法，以天然用料、純手工製作傳統線香，深受各界民眾喜愛，並成為珍貴的府城百年傳統工藝。

我們認為，「香」不是只有傳統祭祀拜拜的功能，在平日生活中也可以有非常好的運用！因此，除了「傳統祭祀系列」，我們也推出「生活薰香系列」產品！我們主張生活化，追求天然、自在、養生。我們相信天然薰香的使用，可以讓您心情愉悅、紓緩壓力、靜心凝神，進而提高工作效率。

我們傳達的是一種文化，是一種整體的呈現。

對我們而言，香品其實不只是香品，它已經是一種民俗文化的傳承，更是傳統老工藝的延續。

【聯繫、購買與了解更多】

官方網站：http://www.wuwanchun1895.com.tw

粉絲團：https://www.facebook.com/wuwanchun1895/

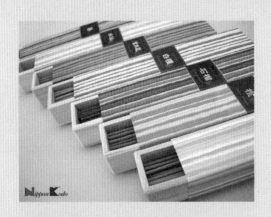

《百年傳承・吳萬春香舖》

百年老店 遵古法製 慎終追遠 薪火香傳

生活薰香 紓壓凝神 忘憂養生 怡然自得

「日本香堂」系列・四季百香

「傳統祭祀系列」裡，各式線香、環香、淨香產品，都是純天然原料製成，絕無任何化學香精添加物，是敬神拜佛祭祖最佳香品。

在「生活薰香系列」中，更有許多子系列產品，例如府城香品、日本香堂、降真香、倒流香、藏香等不同系列商品，提供您更多元、更精緻的選擇。

《傳統祭祀系列》之「萬福香」
★天然檀香粉精製而成
★香氣醇厚圓潤，香韻柔和綿長
★使用天然原料，絕無任何化學添加物
★全程純手工製香，傳統老工藝再現
★日光曝曬，堅持傳統
★紅紙包裝，心誠意重
★敬神拜佛祭祖最佳香品，最顯誠意

百年老店 遵古法製 慎終追遠 薪火香傳

生活薰香 舒壓凝神 忘憂養生 怡然自得

我們希望傳統祭祀的民俗文化可以再受到重視，並且推廣生活薰香在生活養生上的運用，以提高人們的生活意境，讓生活更美好！

Slidingbike 享譽國際的伸縮自行車

一份助人的初心，開啟創新之路

有一次，我在日本出差的時候，看到一位日本成人女性，因為腳踏車過長，無法推入電梯，而需要把整輛自行車直立起來，站到電梯裡時，我幫她扶著車時子，她告訴我如果腳踏車有一天可以縮著進電梯該有多好。

腳踏車問世近200年以來，我們看到各種折疊或是骨架設計的技術中，沒有人發明一種，各種身高都可以騎乘，適合人體工學、由少到老都可以騎乘的車架伸縮系統。

就這樣一句話，我創立了澎錸實業，並投入到伸縮自行車的世界裡，一頭鑽研到了目前第六代的伸縮車，我相信澎錸可以提供給全世界最好的一個伸縮車，一個全家人都可以使用，結合綠能、電動、休閒、娛樂的伸縮車，希望大家一起來試試！

Slidingbike 伸縮自行車結合腳踏車功能與機械原理而產生的專利創意新產品，陸續獲得台灣、大陸、日本、美國、德國等多國專利。它的核心競爭力，主要在產品開發與創意結合消費者需求，讓創意產品、量產化的成果，表現在國際與國內的各項比賽中，而榮獲多項金牌獎。

◆2004 韓國首爾發明展金牌獎
◆2005 日內瓦國際發明展金牌獎
◆2005 美國匹茲堡發明展大會金牌暨交通運輸類銅牌獎
◆2005 台北國際發明暨技術交易展金牌獎
◆2006 「創新自行車暨零配件甄選」成車組創新獎
◆2006 國家發明創作獎金牌
◆2006 拔尖計劃「最值得投資企業」
◆2007 經濟部技術處產業科技成果表揚－產品創新獎
◆2007 第14屆中小企業創新研究獎
◆2008 榮獲日本GD Good Design 大賞
◆2008 榮獲經濟部品牌SlidyBike的輔導
◆2010 榮獲第18屆台灣精品獎
◆2012 榮獲經濟部中小企業處『101年度亮點企業獎』
◆2014 榮獲桃園市第一屆 "微、中小亮點企業輔導" 獎
◆2016 榮獲第24屆台灣精品獎
◆2016 台北國際發明展金牌獎
◆2017 榮獲法國Concours Lepine International Paris 發明展銀獎
◆2018 榮獲第26屆台灣精品獎

Slidingbike 伸縮自行車的創新技術，是以伸縮功能，取代傳統的折疊功能的設計，更增加腳踏車收、放的便利性、安全性、實用性，同時兼具環保性（因操作簡單，容易攜入電梯、置放屋內，解決自行車的停車與失竊問題，也解決大都會地區的自行車公害），是真正名符其實的伸縮腳踏車。

它也可依據乘騎者身高，作適度的調整，唯一符合人體工學，可調式的設計，具有人體與產品優越之適配性，增加騎乘之舒適感與效率性。從創意到量產這不算短的日子裡，不停的研發與改良，本產品從第一代到目前的第五代。使得本車的結構性與功能性，兩者性能十分優越，非傳統折疊式（Folding Bike）車，所能比擬！

2008年加上經濟部主導的品牌輔導，由外貿協會與國貿局執行下，目前是稍具雛形與規模的階段，並朝向國際品牌邁進；為響應經濟部「品牌台灣發展計畫」的各項國外展覽與宣傳活動，榮獲2010年、2016年、2018年三屆台灣精品獎的創新專利伸縮車，配合外貿協會資源，參加中國六大城市名品展（東莞名品展、北京科博展、天津名品展、南京名品展、濟南名品展、重慶名品展）獲得消費者喜愛與購買。

【伸縮車的獨特性】

◆結構性／重量輕、安全性佳

◆功能性／具人體工學功能、操作簡單、使用方便)

◆人體工學功能／不同身高可以騎乘

「跟著小孩成長的車，適合全家人騎的車！」

折疊車（Folding Bike）有的功能，伸縮車（Sliding Bike）都做得到！

伸縮車（SlidingBike）具備的功能，折疊車（Folding Bike）無法做到！

【聯繫、購買與了解更多】

官方網站：https:// www.slidybike.com

購物平台：https://goo.gl/p4krrH

粉絲團：https://fb.com/Slidybike-828962417184877/

崔洧食品

陳年老菜脯 時光淬鍊出的絕妙滋味

電影《總鋪師》的橋段，提到了不起眼的「黑金」—老菜脯，也炒熱了饕客的話題。擁有絕佳經濟與營養價值的「黑金」，不僅是源自《本草綱目》的養生良品，更是台灣本地傳統手藝的精湛呈現。

崔洧企業有限公司以『享受食物，健康生活』聞名，並相信只有對食材真材實料的堅持，才能作出對人體有益的食物，在這樣的理念下製造食物時始終堅持採用新鮮有機豬、堅持不用防腐劑及化學原料、堅持真空充氮包裝等三大原則，使崔洧食品滋味，地道實在，名聞遐邇。

總鋪師的私藏陳年老菜脯

陳年老菜脯是由白蘿蔔採收經過清洗，再經過六周反覆地醃、壓、翻、曬後，將其儲存於陶甕中，往後每一年都予以翻動，經過二十年以上的時間，方能製成真正的陳年老菜脯，其製程實為繁瑣且收成量少，是有錢未必能買到的古法珍饌。

【聯繫、購買與了解更多】
官方網站：http://www.enjoyfoods.com.tw
粉絲團：https://www.facebook.com/enjoyfoods/

【關於潷洧企業與創辦人林奕利】

◆2004
‧自由時報、中國時報、聯合報、東森新聞...等各大報報導；參加中天電視臺『今晚哪裡有問題』、三立電視臺『黃金七秒半』、中視電視臺『我猜我猜我猜猜猜』等節目錄影。
‧中小企業處 圓夢坊新聞報導 創業成功範例／遠見30雜誌 4月刊報導
◆2005
‧參加超視電視臺『新聞挖挖哇』錄影；台視『發現新臺幣』專訪
‧E-boss 7月刊報導、e天下 10月刊報導
‧協辦『臺灣一級棒產品巡迴展暨桃城特色產品展』
‧榮獲經濟部中小企業處 『第四屆新創事業獎 − 微型創業組 優質獎』
◆2006
‧玫瑰雜誌 1月刊、中原大學校刊NO.40報導；加入VIVA電視購物
‧受邀參加聯合國全球婦女高峰會(GSW)於埃及
‧行政院及婦權基金會『Women Power』一書專訪
‧受邀參加亞太經合會(APEC)及婦女數字經濟論壇(e-biz)于越南

◆2007
‧受邀參加聯合國全球婦女高峰會(GSW)于德國柏林
‧受邀參加亞太經合會(APEC)於澳洲 道格拉斯港
‧中國時報、台視、中天、TVBS／商業週刊 1033期媒體專訪
‧榮獲經濟部中小企業處『縮短數字落差 優網獎 − 企業組』
◆2008
‧成立臺北外銷辦公室，進駐臺北世貿中心
‧受邀參加亞太經合會(APEC)及婦女數字經濟論壇(e-biz)於秘魯
‧與嘉義縣政府合辦 『送愛心讓孩子溫飽』活動
‧受邀參加聯合國全球婦女高峰會(GSW)于越南
‧帶領嘉義縣竹崎鄉民 榮獲經濟部中小企業處『縮短數字落差 優網獎−群聚組』
◆2009
‧與嘉義縣紅十字會合辦 『愛心早餐活動』
‧擔任行政院青輔會 青年創業貸款專案 代言人
‧與嘉義縣紅十字會合辦 『 送愛心年菜給弱勢孩童』
‧與興南社區發展協會合辦『社區團購』並贊助『老人營養午餐』活動
◆2010
迄今擔任行政院勞委會『多元就業方案』、『培力計畫』北基宜花、中彰投區、雲嘉南區及高屏澎東區諮詢輔導顧問；並長期擔任飛雁專案、鳳凰專案等專任行銷講師
◆2013
‧獲得APEC WEF婦女創業菁英獎in Bali.
◆2015
‧獲馬英九總統召見女性創業代表
◆2017
‧獲北京大學與賽富基金投資，入駐北創營創業基地
◆2018
創辦人獲福建101創業之星比賽得獎人

每年過年就是曬老菜脯的時候，
雖然常常因為台灣氣候不穩定，
雨水過多，耗損很重，
但是還是維持傳統一步步，
天然製作享受陽光的恩惠，
二十年後將搖身一變成為養身良品。
做食品的需要的不是法令規範，
而是業者自身的道德與良知。
期許未來始終如一！

二十年如一日
一代一代傳承的信譽與美味

來自傳統在做老菜脯的農家，做老菜脯已有50年以上的歷史了，是家族事業，歡迎大家選購，保證純天然、不加任何化學物質，每一條老菜脯一定都是二十年以上才會賣的。

純天然的黑金　無添加的光陰之味

經過十年以上醃漬的老菜脯，顏色都會由原本的
【白→黃褐→深褐色→黑】形成轉化，而且烹煮
過後的老菜脯顏色仍然是黑色的，年份越久會越
黑，二十年以上的甚至出現油份。老菜脯的製程
，最不可或缺的是時間的滋養；俗話說，一寸光
陰一寸金，寸金難買寸光陰；老菜脯的熟成與淬
鍊，是必然需要耐心甚至世代交替的等待，因此
，在物以稀為貴的前提下，能形成稀缺珍品的現
象也就不意外了。

購買老菜脯　不是「貪黑」就等於上品

然而，年份不到十年的老菜脯如果未煮前呈現黑色，有
可能在烹煮過後的菜脯，所展現顏色會是黃褐色或深褐
色。然而，有些商人甚至以黑糖或醬油來假以顏色，然
而其效果非但不彰，反而有害身體健康，所以，市面
上有些一斤售價幾百元卻號稱的「陳
年老菜脯」的商品，極有可能是造
假的！千萬別貪小便宜害了自
己的健康喔！

老山圓 有機酵素養生禪飲

養生保健 從有「酵」飲食開始

本企業從2000年起開始從事協助台灣民眾身體健康促進養護，重拾健康的原動力，再於2006年開始積極宣導體內健康環保的重要性，秉持內由『原食』養生調理，胜肽級有機酵素扮演生理健康的催化劑，經SGS檢驗得高活性SOD值（超氧化物歧化酶），而外由骨架平衡校正來達到促進整體血液循環，免疫力與自癒能力與代謝率自然提升，自然而規律的律動是最安全的促進健康的方式。

全方位健康推手 公益之心不落人後

鈦自在中心力求最有效率及廣泛的養生保健方式，且堅守在時代洪流中延續長輩「老三元飯店」的創業精神，創建「老山圓有機養生酵素」與「鈦自在全方位健康養護」兩大系統事業，有效整合身、心全方位健康保健，由內而外深度養護，並由鈦自在公益總召吳瑞勳先生號召各界愛心義工，不定期受邀至各大育幼院／老人中心／宮廟／癌療活動中心舉辦公益演講與健整。

回歸質樸｜予自然之本

堅若磐石｜不移之善念

共同成長｜實踐與圓滿

【老山圓有機酵素養生禪飲 創辦沿革】

吳瑞勳/品牌推行總監
1944年
第一代創始人
『大x元飯店』吳傳先生（已轉換經營者）
1974年
第二代創始人：『老三元飯店』 吳春德先生
2006年
第三代：吳瑞勳先生為美式體架平衡定位保健師，成立『鈦自在全方位健康養護中心』
2009年創立【鈦自在全方位健康養護中心】，並申請經濟部商業司商標註冊在案：01903125
2010年吳瑞勳先生創立【老山圓有機養生酵素禪飲】，並申請經濟部商業司商標註冊在案：01787640
2018年入選台中產業優秀青年
2018年入圍台中市百大伴手禮
2018年中國大陸鈦自在商標申請
2019年新品登場・有機嘉寶果綜合酵素

【聯繫、購買與了解更多】
粉絲團網址 http://bit.ly/2CRzMZR

內外兼修　提昇五感六覺

吳瑞勳 品牌推行執行長，多年的臨床保健調理經驗，秉持內由「原食」養生調理，外由骨架平衡全面健康促進，力求達到最有效率及廣泛的養生方式，創建「老山圓養生酵素禪飲」與「鈦自在整體健康養護」二系統，徹底從體內到外深度療癒，使五感敏銳；六覺提升。

以水為媒介　品味有「酵」真健康

水是每個人每日都需要攝取的，加入人體必需原素在水中，且補充膳食纖維，是一個方便又直接的方式，經多次與果寶生技代工廠調配配方及口味，調配出連小孩子與老人都能接受的口感，成就老山圓系列的主打商品——有機酵素。

「老山圓養生酵素禪飲」，以鮮作為念，融合有機鮮果珍釀成之養生酵素，復刻出原創的思維，追溯渾然天成的優異本味，呈現出「鈦完美」比例，於每一次啜飲之中，予您體會簡單、質樸、純粹所帶來的感動，讓「養生」這門大學問，講究而不能將就。

台灣臻百味

情 味 篇

人間最美的時節與禮贈

莫過於有情有味

小庭找茶

堅持只為了一口回甘味

小庭

小庭找茶創立於民國100年，至今邁入第八年。

小庭的古早味，是囝仔時記憶中的滋味。

是阿嬤ㄝ愛，為了一家人，大熱天的在廚房，

用時間換取食材的美味，顧著咱們的喙空…每一口，都是回甘味。

兒時的記憶，懷舊的思念，加上一顆傳承的心，

那一年，我們決定要分享這份美好的記憶，翻轉好茶。

**小庭的古早味，是食物的原味，
是傳承的美味，更是濃濃的人情味！**

【聯繫、購買與了解更多】

◆小庭找茶 官方網站/訂購
http://meijiantea.com.tw/
◆官方粉絲團
https://www.facebook.com/meijiantea/
◆台中豐原店
https://www.facebook.com/meijiantea001/
◆台中第二市場店
https://www.facebook.com/meijiantea003/

梅煎茶，承載的不僅是歷史，
更是兒時記憶中，阿嬤在造咖
內細細煎煮，飄著撲鼻而來的
陣陣香氣⋯

『五道工法完整講究⋯⋯
　　　　照起工的古早味 』

第一道：大火燒煮香氣溢
第二道：燜炖溫潤釋梅香
第三道：文火慢煎韻甘醇
第四道：黑糖入味龍點睛
第五道：急速冷卻保美味

◆除了美味的梅煎茶，小庭找茶也
提供多樣可口的「古早味」，讓客
人吃甜歇腳，回味記憶中阿嬤溫暖
的愛⋯⋯

最有歷史的風味飲料

距今約三千多年前的商周時代，就有將梅子取其酸味作成的飲料，即所謂的「土貢梅煎」，是中國史上最早記載的飲料。

小庭梅煎茶　質地精純，好茶好文化！

嚴選上等烏梅、洛神花、仙楂、陳皮、甘草五種中藥材，用傳承自阿嬤的古法，大火熬煮，文火慢煎…等，再進入斥資引進的最新技術高溫急速冷卻系統，歷經 5 道工法，耗時16小時的熬煮製程，最後再加入上等黑糖，提升梅煎香氣，全程無多餘添加，本心呈現食材原味。入口後層次豐富，香韻回甘。是止渴、解膩、降暑氣的最佳古早味飲品。

小庭的用心 【18℃的秘密】

小庭找茶，草創期即斥資引進高溫急速冷卻設備，可將熱茶在高溫狀態下，於20分鐘左右的時間，快速降溫至18℃除了避免自然降溫時環境產生對品質的影響與落菌問題外，還可以把自然降溫時散失的香氣留住，保持更佳的原味唷！

『堅持的回甘味，
　　獻給同樣懂得堅持的你 』

18℃的茶底，口感更濃醇；保鮮，美味，衛生。現代茶飲講究快速低成本，都不願意耗時耗工降溫了，也造就香精香料需求增加，以彌補融冰後淡化的口感！但小庭找茶不願意放棄初心，即使需要更多時間、金錢與心力成本，甚至被人說「好傻！」我們都堅持那一份接待客人如家人的心情；願意把最好、最真誠、最美味的驕傲之作，傳遞到每一位客人手上！

輕醒 AWAKEN CAFE

讓身心輕盈飛翔的好咖啡

輕醒,專注於耳掛咖啡經營。
把它放進公事包、旅行廂或隨身袋子裡,
隨時讓你在沉重的早晨與午後,
輕鬆地泡一杯,不需要太多的沖泡工具與知識
立即享用好咖啡。

這裡沒有高深的咖啡學問
只有淡淡的文字以及幾款細選的耳掛咖啡
從此,你不再屈就於單調的烘焙苦澀
讓感知全然開放,輕輕的,就這麼醒了~

AWAKEN

FACEBOOK

【聯繫、購買與了解更多】
官方網站:http://www.awaken.com.tw
購物平台:https://www.pcstore.com.tw/awakencafe
粉絲團:https://www.facebook.com/lightawaken

輕醒咖啡・輕藍

頭與宇宙天空連結，腳深入大地土中，
輕醒沒有界限，伸展再伸展。

輕醒咖啡・淡紅

好咖啡會說話，
那是一種妳味蕾才聽得懂的甜言蜜語，
給自己片刻喝咖啡的時間，
享受咖啡與你交心的滋味。

輕醒咖啡・啡黃

您不一定要飛喝咖啡不可，
但若有一杯好咖啡在眼前，就好好品嚐吧！
時常想到您永遠值得喝最好的咖啡，
讀最棒的文章。

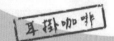

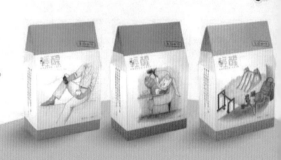

NE

輕輕的，我醒了~
輕醒希望你每天的生命，是咖啡香氣雕刻出來的。
最清醒的時刻，喝最輕醒的咖啡！

台灣設計文創包裝　選品概念套裝組合

精選五種咖啡耳掛包，一次享用五種截然不同的精品咖啡風味，醇厚芳香，
超值組合，適合喜愛濃厚香氣者。

【一盒五入‧五種風味各一包】
品 名 / 風 味 / 產 地
1. 曼特寧/苦味豪情、酸味嫵媚、甜味甘醇、香味濃烈/蘇門答臘
2. 曼巴/甘滑順口、苦味適中，最受大眾歡迎/蘇門答臘、巴西
3. 巴西/苦、酸、醇度適中/巴西
4. 新幾內亞/豐厚濃郁、明亮酸甜、甘甜/新幾內亞
5. 塔拉珠/莓果、葡萄香，乾淨、優雅，高感油脂/哥斯大黎加

電話: 02-2272-2848　0922-484-691
Line ID: awakencafe
請搜尋 Google　輕醒咖啡

輕醒咖啡原料
採用100%原豆研磨
100%原味醇香，無任何添加劑

即溶咖啡原料
糖、食用氫化植物油、穩定劑、酪蛋白酸鈉、乳化劑、食用香料/調味劑。

輕醒咖啡口味
原豆研磨，保存了咖啡風味的本質特性。
入口醇香濃郁、加糖、加奶可根據喜好調整。

即溶咖啡口味
口感與香氣完全靠食用香精調配，一般都會偏甜，也沒辦法調整口味。

輕醒耳掛咖啡
輕醒耳掛咖啡就是能夠攜帶的現磨咖啡，
口味純正地道，絕對是一杯可以品嚐的咖啡。

即溶咖啡
主要由砂糖、脂類和咖啡組成，營養成分不如新鮮咖啡豆泡製出來，而且高糖、高熱量，有害健康。

輕醒耳掛咖啡
輕醒耳掛咖啡由咖啡原豆研磨，
所以沖泡完成後，濾包會剩有咖啡渣。

即溶咖啡
速溶咖啡是調配而成，沖泡後沒有剩餘。

喜歡喝咖啡的你，
還在屈就於即溶咖啡嗎？

「喝咖啡」有助於提神、社交的基本功效廣為人知，近年來又有更多研究指出，適度攝取一杯優質的咖啡，會有助於健康。日本的藥物學專家岡希太郎教授，就曾針對這樣的議題，研究出版《咖啡健康研究室：每天喝咖啡讓你遠離癌症及失智症》。但是，咖啡不是隨便喝就會對健康有幫助，慎選出「對」的咖啡更是重要！

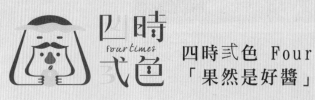

四時弍色 Four times
「果然是好醬」

遇見四時山色

「春山如笑
　　夏山如滴
　　　秋山如妝
　　　　冬山如睡」

一首詩道盡台灣四季分明，
果物豐收。

【聯繫、購買與了解更多】
官網：http://www.fourtimes.com.tw
粉絲團：https://www.facebook.com/fourtimesjam/
購物平台：https://shopee.tw/bossmain8471

也因受這段詩的山色憧憬，便以水果
作為底色，調和出七種不同的變化。

四加弍，代表台灣多元的物種；
四十弍，化作各鄉鎮獨特的風格與人文，
猶如一座高山矗立在台灣這片多彩的土地
上，為下一代子孫傳承更多對這片土地的
風土民情。

四時弍色　年輕的品牌與豐盈熱愛台灣的心

創立於2017年的四時弍色，挑選台灣在地水果，以「無毒、有機、無添加」的概念，製作安心食用的加工食品，並以食安與農業教育為出發點，伴隨著農民息息相關的盤商與農會，長久以來對農民的傷害徒增，且與消費者的認知已越來越遠。

農食同源　還給消費者最天然純淨的美味

有鑑於德國對產品的原料來源有良好的發展，「農食同源」意即食品履歷甚為重要；透過果醬加工過程加入食安教育，與果農一起帶著消費者進入有機無毒的世界，透過果農親身解說讓加工品完全透明，進而使土地活化再生，這是我們目前極力推廣的核心所在。

最純樸真實的味道　果然有好醬

嚴選彰化社頭無毒香蜜芭樂、嘉義大林有機百香
果、青蘋果、無毒檸檬汁、無漂白紅冰糖製作；
每期的水果色澤皆不同。香蜜芭樂，香氣撲鼻；
有機百香果，香甜中帶一點微酸，正宗的台灣味
道，泡茶、抹醬或入菜都別具風味，讓人回味無
窮。

好日子精選大師茶

在茶香之中，遇見好茶、好故事、最美好的台灣味

敬獻好茶 祝福滿杯 把幸福的期許製成好禮

在喝茶文化相當盛行的東方，「茶葉」總是年節送禮的首選，而「好日子精選大師茶」以喜氣為發想，在品質與文化並重下，巧思融合創新「好日子」這三個字成為了敲響品牌巧思的第一個鐘響，讓送禮與收禮的雙方能夠會心一笑，這是貼心的「好日子精選大師茶」送給所有消費者的祝福；誰能不愛好日子呢？

【聯繫、購買與了解更多】
官方網站：http://www.fwintl.com.tw/index.html
購物平台：https://www.momomall.com.tw/s/104173

湖邊的山嵐美景醞釀出最美茶韻

精選大師茶系列—好日子，目前主推的是
位於有小千島湖之稱的翡翠水庫上游茶園
所產出的文山包種茶，產區擁有得天獨厚
的湖畔美景，茶園因沒有農藥更顯得生機
盎然，採花粉的蜜蜂、青蛙、蚱蜢及螳螂
都是茶園裡的常客，就像是在這裡，所有
生物皆平等共生般和諧，然而，所產出來
的茶也如此清香怡然。

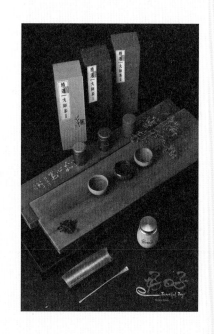

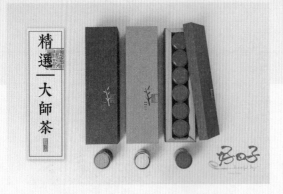

精緻小包裝　精心保存最佳新鮮賞味

在包裝上，文山包種茶特有長條索狀外觀跟一般烏龍茶球狀不同，貼心的好日子特別量身訂做8g一泡的小包裝，與常見半斤一包的包裝相較，更有效隔絕空氣中水分、日曬、手觸以及濕氣對茶味之影響。而高端的禮盒組，好日子團隊更是千里迢迢多次遠赴德化與景德鎮拜訪多位大師，與大師對話，為每一組限量的陶瓷禮盒打造出選擇好日子專屬的尊榮感。

一口一故事　一沖一回味

好日子精選大師茶系列以尋找台灣好茶出發，每一站都有故事，每一個故事都包含當地的人文特色，過去、文化、傳承，在品嚐好茶的同時，彷彿也跟著製茶師們進入了時光隧道，這也是為什麼好日子如此精心對待每一泡即將沖下熱水的茶葉，因為，這一口即將喝到您口中的茶，都有他值得細細品嘗的故事。

® 芳陞國際 好日子精選大師茶創辦團隊

「幸福芳陞 微笑生活」

創立於2014年的芳陞國際，旗下品牌除了市場創新的慕絲型牙膏Ofresh 泡泡牙泡台灣區代理；自有品牌「好日子精選大師茶」在銷售表現也很亮眼，主要經營金字塔中上市場，獨立網站亦即將上架。

未來，自有品牌將會更多元化，以人為本的初衷；將落實於食、住、生活、育樂。在摩拳擦掌的商業模式下，芳陞以幸福企業為出發點，讓內部員工以幸福、開心的心情任職於自己的崗位，用心做好每一件事情。

IVC MISS TU 以正能量出發的人蔘美肌系列

IVC MISS TU是原創自台灣，結合韓國優質產品與研發技術，原裝進口的頂級太極人蔘保養品。在華人的社會裡，「人蔘」一向是名貴且深具療效的滋補聖品。而來自韓國的六年太極蔘，人蔘種類之中，最不挑體質且營養價值、經濟效益最全面的蔘種。

杜美賢女士結合獨特的醫藥營養背景，選擇韓國太極蔘與專業認證工廠，研發富含人蔘皂甘有效促進肌膚活化代謝的優質產品，主力市場甚至外銷沙烏地阿拉伯，成為阿拉伯皇室愛用的聖品。

這獨特的商貿經驗與人生轉折，也被杜美賢女士寫入個人傳著《MISS TU的勇敢幸福學》之中，並由《渠成文化》出版發行，深得讀者好評。

【聯繫、購買與了解更多】
https://www.facebook.com/MissTuTaiwan/

【品牌創辦人】MISS TU 杜美賢

字「盈賢」，台灣台南人。
從小對事業經營充滿興趣與熱忱，因
上天的贈予，讓她在人生的瓶頸中重
新學會作為女人該給予自己的愛、勇
氣與執著。創辦〈IVC MISS TU〉
(米思杜)等諸多營銷大中華區、馬來
西亞、沙烏地阿拉伯知名美妝保養、
保健養生品牌。

台灣中國醫藥學院食品營養系
北京大學工商管理學院EMBA

【經歷】

台灣省台南市立醫院營養師(營養組組長)
針對醫院病患的伙食調配及員工的健康伙食
首創開立門診衛教中心，針對糖尿、高血壓
、心血管疾病及三高病患衛教門診
專攻：孕婦及嬰兒的營養學，食物原理及加
工的研發

國家一級營業師
國家一級心理咨詢師
MISS TU 米思杜品牌創始人
台灣永豐興實業有限公司負責人
台灣韓后生物科技有限公司負責人
北京豐悦興榮商貿有限公司負責人
中國協和醫科大學病理生理學教授助理
Saudi Arabia Hamza M.Y. Jamjoom Est 合夥人
The Institute for Health and Productivity anagement(IHPM)成員

美麗人蔘 蔘蔘不息

在太極的宇宙觀中，陰陽是調和互補的，
有陰就有陽，代表著每件事情都有一體兩
面。回歸本我、尊重自然，在合乎「道」
的規範中積極努力，讓正派的思想形成幫
助自己行動的力量，自然就能有所收穫。

之所以會特別提到太極，是因為米思杜的
產品中最重要的成分，是來自韓國的「太極蔘」。生長於北緯三十六度至三十八
度之間的太極蔘，主要產地都在海拔兩千公尺以上，日夜溫差達十五度的地方。

米思杜所採用的是充分吸收了山川的靈氣，耗時六年才長成的頂級太極蔘，是對
肌膚的保養大有助益的成分；古東方醫學史書記載，人蔘是「滋補養生、扶正固
本」之極品，有「百草之王」的美名。

現代專業的皮膚醫學證明，皮膚如果自身擁有一個平衡穩固的循環系統，就不會
出現一些人們常見的痘痘、雀斑黑斑，還有過敏等皮膚問題，就連衰老也會減緩
許多。這二者同時又與太極文化中強調的和諧、對稱、平衡、迴圈、穩定概念相
融相通，多方契合，造就了今日米思杜的太極蔘系列產品！

享悅平衡之美

兩大人氣產品
太極蔘保濕精華霜 / 晚安睡眠面膜

細小的水分子滲透力強,可以活化肌膚及提升
皮膚對環境的保護力,並且提升肌膚保濕度,
鎖住肌膚一整天所需要的水份,肌膚有足夠的
水份之後,不僅撫平細紋、暗沉的肌膚也會逐
漸明亮;淡淡的人蔘清香,不拘泥於男性或女
性使用,無論基礎保養或問題肌膚都適用。

關　於
自媒會
與相關友會

【關於自媒會】

中華自媒體暨部落客協會
THE CHINESE MEDIA & BLOGGER ASSOCIATION

中華自媒體暨部落客協會（簡稱「自媒會」）為內政部核准第一家台灣自媒體暨部落客專屬公正組織。培養台灣部落客晉升為全方位自媒體人，與兩岸、大中華區之自媒體人進行交流。

以「領航自主原創內容，接軌全球華文閱聽傳媒第一推手」為精神指標。致力自媒體人以原創力量，聚集口碑市場，協助企業主以創意多元形式呈現，達到品牌、商品推廣及銷售目的。

協會四大核心服務為：
自媒體人才培訓、海外自媒體交流
企業自媒體輔導、公益性傳媒宣導。
邀請審查入會制；廣納講師、顧問、部落客、臉書客、直播主、作家、記者、導演、主持人、編劇、企劃高手、行銷專家等。

官網
http://cmba.tw

粉絲團
https://www.facebook.com/cmba2015/

關於台灣最美的……

台灣最美的當然是「人」，除了親切樸實的態度，和不畏現況奮力向上的拚勁外，令人動容的就是源源不絕的原創力量！無論是中小企業或青年學子，透過新媒體工具及自媒體的個性展現，孕育出多元面貌，不僅創造無限商機外，也豐富了我們的生活。

自媒會發展沿革與會友實績

2O15年 5月

本會承蒙政府核准創立，立案證號：台內團字第1040062373號

◆2015年6月
自媒體人才培訓計畫啟動，邀集
菲利浦、恆隆行等3C家電大廠進
行實務演練。

◆理事長鍾婷率隊參與福建618
兩岸人才交流合作會

◆2015年12月
福建省海峽兩岸人才交流合作協
會，入會並參與成立大會

◆參訪福建省東南衛視暨新媒體中心

2016年

◆2016年1月
自媒會尾牙聯歡會暨會員大會

◆會員李亞庭至大專院校分享自媒體講座

（左上）
◆2016年4月
河南「尋根河南豫見歷史」參與黃帝拜祖大典
（右上）
◆2016年5月
自媒會菁英幹部與吳建宏顧問及旺旺中時
特助楊俊斌先生「廣東采風團」深度訪粵。
（左下）
◆2016年7月
香港&杭州時代風華巡禮參訪

◆2016年10月
台灣原創插畫彩繪村求子村計畫啟動，由
自媒會協助知名插畫家一番兩光，號召近
百位部落客及原創插畫家一同響應推廣。

◆理事長鍾婷接受中視 ／ 廈門衛視
節目專訪網紅經濟

◆理事長鍾婷應邀與眾知名講師擔任
「扶輪好講師」評委之一

◆2016年11月
理事長鍾婷與副理事長柯延婷代表
自媒會前往北京參加「第二屆兩岸
媒體人北京峰會」與新黨新思維中
心主任暨現任市議員侯漢廷合影。

2017年

◆2017年3月
河南「豫來豫好快樂中原行」參訪

◆2017年4月
秘書長傅嘉美(梅洛琳)代表協會前往北京,
參與海峽兩岸網絡原創小說大賽,獲頒原創
小說獎佳作

◆2017年5月
常務理事張逸帆與秘書長傅嘉美前往河南
採訪,協助《河洛郎返鄉》套書出版

(圖中上、右上)
◆2017年6月
常務理事張逸帆、理事張文豪陪同中華海峽兩岸民間
團體交流促進協會理事長吳一昌前往廈門,參加「第
九屆海峽論壇、第四屆海峽兩岸青少年新媒體文創論
壇」常務理事張逸帆以端午包粽為題,獲頒海峽兩岸新媒體論壇年度短視頻佳作;
會員李亞庭獲選兩岸青年代表之一,代表朗讀「弘揚正能量打擊假新聞」倡議書。

◆自媒會協助推動金門
「尋找風獅爺」台灣好行

◆2017年7月
理事長鍾婷率團陪同中時旺旺連袂至珠海，
進行珠港澳大橋及橫琴發展參訪

◆2017年9月
理事長鍾婷率團前往河南濮陽，進行文創交流

（上）
◆2017年11月
理事長鍾婷前往北京，參加「第三屆兩岸
媒體人北京峰會」與實踐大學賴岳勳教授
合影
（右）
◆舉辦第一屆自媒體年會，邀請台北市港澳
商業協會及在地文創商家，與香港議員及港
台青年創意聯會成員進行交流

2O18年

◆協助中國生產力中心與全方位
人才培訓營開辦「網路直播行銷」
相關課程培訓

◆2018年5月
理事長鍾婷應香港之邀，分享
「新時代新青年的自媒體力量」

◆會員陳美樺代表自媒會以河南
參訪為題進行短視頻參賽，獲當
屆海峽論壇新媒體文創獎，接受
兩岸知名媒體專訪

◆自媒會協助推動兩岸
網絡主播／網紅認證培訓

◆副理事長柯延婷（右一）連任第三屆海峽
兩岸網絡原創小説大賽評委，與銅牌得主會
員陳春有／睦同（左二）一同合影

◆理事長鍾婷率團與中時旺旺連袂再次至珠海，進行新媒體交流

◆理事長鍾婷、常務理事張逸帆、美體顧問黃云希為會員林恩辰（妙妙琳）《東京小日子》新書發表祝賀

◆2018年10月
理事長鍾婷代表自媒會參加「首屆海峽兩岸網絡新媒體大陸行」，走訪京、津、滬、蘇、浙、粵六省市，進行17天跨6省8個城市3000多公里參與#兩岸e眼聯合採訪報導

（上）
◆2018年12月
理事長鍾婷代表自媒會參加2018「你來我往－津台媒體交流峰會」
（左）
◆2018年11月
舉辦第二屆自媒體年會，邀請中華整合行銷傳播協會與中華影音行銷協會共同主辦，TutorABC-T館、創意點子協辦，推動品牌再造計畫

【自媒會之友】

【中華整合行銷傳播協會】https://www.facebook.com/CIMCA201411/

- 一、跨領域整合策略、行銷、管理的學界與業界專家,將整合行銷傳播的思維專業化、在地化。
- 二、建立整合行銷傳播的專業運作模式與知識專業,透過教育並指導對整合行銷有興趣的社會大眾。
- 三、運用協會力量,輔導輔導企業建立品牌,進而擴展至中小企業、農企業,以及社會企業和非營利組織,強化台灣的競爭力及社會正面發展。

Q・你認為台灣最美的是?

A・我的台灣最美是:

「是『7-11』;在資訊如此發達的時代,可稱為便利商店龍頭的7-11,利用多樣行銷管道及大眾化的聯名商品,引發人們的注目以及消費能力。」

【中華影音行銷協會】https://www.vmaglobal.org

因應全球新媒體與影音市場日漸蓬勃，中華影音行銷協會運
用影片(Video)幫助全球的品牌企業主達到品牌成長，並致
力以國際觀點、創新手法，培育新一代影音行銷產業人才，
透過商務交流、培訓與海內外交流活動，強化台灣企業影音
行銷競爭力。

Q‧你認為台灣最美的是？

A‧我的台灣最美是：

「最美的是人，美麗寶島台灣的風土民情文化一切來自於人。
　所有美好的一切來自於善良的心，美麗的人。」

【港台青年創意聯會】https://www.facebook.com/HKTWYCA

港台青年創意聯會（HONG KONG TAIWAN YOUTH CREATIVITY UNITED ASSOCIATION）於2016年4月於註冊，是一個以促進香港與台灣兩地青年創意文化交流，促進兩地青年面向內地進行交流及發展，協助有志者發展其創意創新概念的一個平台：促進創意發展的平台、推動成功創業的平台、促成商業交流的平台。

港台青年創意聯會宗旨：
· 促進香港、台灣、澳門、內地青年交流，增進彼此的友誼
· 發揮香港、台灣青年的創意創新概念，促進就業及創業
· 發揮橋樑角色，加強與內地及港台政府及非政府組織合作

Q · 你認為台灣最美的是？
A · 我的台灣最美是：
「台灣文化保留了很多中華文化，兩岸四地的青年朋友有著很
　　多的共同之處，促進兩岸四地文化交流，青年朋友彼此多加
　　往來，就能促成大家走向共贏。」

【中華創新資源整合發展協會】MARSTINALEE@YAHOO.COM.TW

本會成立於2016年，面對新時代來臨，集結專家、專業、產業匯聚成為大能量，資源整合是勢在必行的一條路，而且未來社會越進步，文化創意經濟也是未來重要趨勢。

因此積極整合國際及兩岸文化創意產業及專才，以文化、設計創意及經營、行銷創新信念來協助企業活化轉型，並促進相關產業結盟等實務運作，另培植青年創業。

其目的在推動產業創新發展，透過資源交流、經營經驗分享，運作產業媒合機制，加速「實質合作，共創商機」為目標。

Q‧你認為台灣最美的是？

A‧我的台灣最美是：

「台灣最美的是人的人情味及生命力。

台灣在任何好與壞的時候，仍能保持一種穩定，這個穩定是台灣人樂天知命的本質在維繫，也展現無比的生命力。因此資源整合也是此刻大家在面對競爭，仍能無私聯手，發揮各自經驗專業能量，追求更大方案之合作。」

【中華海峽兩岸民間團體交流協會】http://www.emedia.tw/csda513/

本會依法設立，為非以營利為目的之全國性社團，其基本目標是以民間自主力量，凝聚資源整合信念，以促進海峽兩岸為主軸，進而擴及全球華人經濟貿易（含觀光餐旅、資訊科技、農林漁牧、工商貿易、財務金融、地產開發、物業資產、空間美學、物流航運、環保衛生、醫療、醫藥、保險等等）、文化教育（社會、族群、宗教、學術、教育、藝術、永續、民俗、體育、運動等）民間社團互動交流暨合作發展為利基，推動兩岸往來民間社團等共同關心的議題，以及互惠利益的多贏事務為主，建構海峽兩岸民間團體和諧與善意的交流平台，更進一步弘揚中華文化，強化海峽兩岸民間經貿實力，增進全球華人共榮情誼。

Q‧你認為台灣最美的是？
A‧我的台灣最美是：
「人情味。不管您從哪裡來台灣作客，只要有問題，有禮貌地去詢問，不管對方是司機、警察還是路人，都會想辦法或提供資訊解決您的問題。」

【國際總裁商開協會】https://www.ipba.xyz/

本協會由宋祥宇總會長帶領商業夥伴們，從台灣出發、對接兩岸、邁向國際！本會項目有：大健康、大數據、大農業、大金融、大科技、大建設都是我們的現在進行式。本會榮獲多項國際創新大獎；我們不只是商務平台，更是強大資源（資本）與高階人脈的創新加速器！

Be a giver（做個給予者），是我們堅持的信念！企業需要的是創造價值的天堂，而不是競爭價格的地獄。我們走過工業技術到AI智慧、從傳統金融到Fintech核心、將IPO股權轉為ICO區塊鏈、新生月子、長照養老，從生到死，百業互聯的未來即將到來，您準備好了嗎？

Q・你認為台灣最美的是？

A・我的台灣最美是：

「跨領域，人才濟濟。【國際總裁商開協會】與大家攜手同心，共組【互聯顧問師團隊】，除高雄總會、台北分會外，業已籌備法國與越南分會；本會以存誠務實、積極拓展之態度，帶領會員:走出去拼經濟，帶回來大效益！」

台北市港澳商業協會
Hong Kong & Macau Association in Taipei

【台北市港澳商業協會】http://taipeihkmo.com/

本商會宗旨與使命：
· 促進港澳台三地人士聯誼並共同拓展社會服務。
· 提供港澳人士在台創業、商業投資、求職就業等相關資訊
　與交流平台。
· 輔導港澳新移民在台生活各項協助。
· 港澳台三地深度文化交流。
· 弱勢港澳僑民關懷與扶助。

FB社團頁：https://www.facebook.com/groups/1109357415787231/

Q‧你認為台灣最美的是？
A‧我的台灣最美是：
「多元融合。台灣一直是個多元族群聚居之地，來自不同族群
甚或不同國家的人們都能在這裡被平等友善的對待。因此每
個最後決定落腳在台灣的人，不論他們來自何處，都把自己
家鄉中最難忘的元素帶進這塊土地，進而創造出一種新的型
態、新的價值。在這裡你既可以嚐到源自大江南北的各種美
食佳餚，也可看到深受中西文化啟發的多樣藝文創作，過農
曆年也參加原民祭、有人瘋媽祖、有人渡平安夜。多元多樣
在這裡從來不奇怪，因為這些最後都只融合成一味，我們就
稱它叫『台灣味』！」

【中華經貿文創聯盟協會】http://www.both1788.com

本會於2013年8月17日台內團字第1020309427號立案成立。
宗旨：
　一、華人經貿、文創互動交流暨合作發展事宜。
　二、協助政府促進華人友好交流，以及經貿、文教創意機構
　　　聯盟、團體交流與締結等。
　三、規劃協助會員參與以海峽兩岸為主軸進而擴及全球華人
　　　經貿、文教創意民間團體所舉辦的參訪、會議、展覽及
　　　考察活動等事務。
　四、邀請大陸及世界各國經貿、文教創意參訪團來臺交流。
　五、舉辦兩岸及國際性經貿、文化、教育、創意、藝術、宗
　　　教、學術、觀光旅遊趨勢論壇。
　六、促進與國內外民間團體之策略合作、交流，進行合縱連
　　　橫之資源整合。
　七、專辦文化教育課程、創意產業活動，接受任何公私部門
　　　機關團體協辦專案計畫或委託執行。

Q・你認為台灣最美的是？
A・我的台灣最美是：
「保有完整的中國傳統文化及美食文化，擁有熱情好客的態度，
　願意獻給國際友人，願意交流學習。因為台灣人勇於創新創業
　，具有不斷努力拼搏的精神，推動文創產業不遺餘力，擦亮台
　灣文創產業的招牌，讓全球人認識台灣。」

中華社群電商發展協會

【中華社群電商發展協會】https://www.cscda.com.tw

本會於2017年10月18日台內團字第1060083110號立案成立
本會集結台灣優質產業主與學界人士，以提升台灣電子商務
產業之發展為宗旨，在未來無電不商的世界中盼能透過各式
研討會及商業交流活動提供已在經營或準備跨足經營網路的
業主獲得更多的產業資源與最新趨勢，立足台灣、放眼天下
，從而提升產業競爭力。

Q‧你認為台灣最美的是？
A‧我的台灣最美是：
「任何的商業模式皆保有人情的溫度，因為在台灣擁有30年
　以上甚至百年的老店甚多，有的還是三代經營且歷久不衰
　的知名美食或店面，不只傳承了手藝、招牌、更傳承了實
　在、信用以及始終如一的認真態度。新一代的接班人更身
　負使命，藉由網際網路時代的新媒體力量，讓全球人看到
　他們的努力及存在，讓台灣的美名揚四海。」

【中華社團領袖聯合總會】http://128calu.org.tw

本聯合總會以「整合社團領袖成員相關之資源，協助建構完整社團經營與管理體系，提升各社團經營管理績效，有效推動會務，順利圓滿達成立會宗旨與任務」為宗旨。

本會之任務是交流互動，經驗傳承與共享、建構社團網站平台，並協助社團會務活動之整合、協助主管單位辦理績優社團獎勵與公益服務獎勵、接受機關團體委託或自行辦理創新社團治理與創新服務等相關諮詢、研討、培訓與推展活動、出版社團交流研討報告及論著、舉辦海峽兩岸及全球各地社團與文化聯誼等交流活動、提供社團建立促進商機交流等。

為推動會務本會設有：
◎社團領袖培力學院
◎社團聯合服務中心
二大主軸分別推動相關社團培訓作業之規劃及執行、雲端運營、議事管理、會員服務等各項會務推動。

Q・你認為台灣最美的是？
A・我的台灣最美是：
「馬雲說：個人退位，團隊勝出！台灣現有社團數萬個！每個社團都透過會員參與，發揮團隊力量與運作經營，達成社團立會宗旨與功能，參與社區活動、國際會議、照顧弱勢、闡揚文化、促進商機等等，為社會提供生命力！我們覺得台灣最美的是『團隊』！」

【品牌再造學院】https://goo.gl/Rv64rv

專業整合行銷人才，應該具備整合各種行銷策略能力，包括
行銷前置作業之市場分析、消費者區隔，針對商品特性、價
格操作、通路規劃擬定策略，帶領團隊企劃提案、以訊息整
合溝通及推廣促進執行等方式，達成行銷綜效最大化。
未來將持續轉化自身專業學經驗，建立成為整合行銷管理工
作的專業知識，以及系統性的教育訓練，帶領團隊不斷精進
成長，創造更高價值。秉持著「教學相長」的原則，提供最
佳的行銷個案經驗及理論結合。讓個人發揮自我能力

Q‧你認為台灣最美的是？
A‧我的台灣最美是：
「台灣的在地品牌；為這片土地、這個國家，和文化傳承付出
　，用商業、知識或是理念，將台灣推向國際，也讓台灣感到
　驕傲。」

國家圖書館出版品預行編目(CIP)資料

台灣臻百味 / 中華自媒體暨部落客協會著. -- 初版. -- 臺
北市 : 匠心文化創意行銷, 2019.02

　　面 ；　　公分

　　ISBN 978-986-96927-8-6(平裝)

　1.臺灣遊記

733.6　　　　　　　　　　　　　　108001887

【渠成文化】CMBA001

台灣臻百味　Ⅰ

中華自媒體暨部落客協會 編著

圖書策劃　匠心文創

內容授權　中華自媒體暨部落客協會

發 行 人　張文豪

出版總監　柯延婷

企畫統籌　鍾　婷

企劃協力　蔡青容

美術設計　L.MIU Design

網　　址　www.facebook.com/novelandamazing

總 代 理　旭昇圖書有限公司

地　　址　新北市中和區中山路二段352號2樓

電　　話　02-2245-1480（代表號）

印　　製　鴻霖印刷傳媒股份有限公司

原　　價　新台幣450元　特價399

初版一刷　2019年2月

ISBN 978-986-96927-8-6(平裝)